Zitate
für jede
Gelegen-
heit

pickup

Zitate
für jede
Gelegen-
heit

Bibliografische Information der Deutschen Bibliothek

Die Deutsche Bibliothek verzeichnet diese Publikation
in der Deutschen Nationalbibliografie; detaillierte bibliografische
Daten sind im Internet unter http://dnb.ddb.de abrufbar.

© Heinrich Hugendubel Verlag, Kreuzlingen/München 2006
Alle Rechte vorbehalten

Herausgegeben von Irmgard Wagner
Umschlaggestaltung: ZERO Werbeagentur, München
Umschlagmotiv: FinePic
Produktion: Ortrud Müller
Satz: EDV-Fotosatz Huberg/Verlagsservice G. Pfeifer, Germering
Druck und Bindung: Alcione, Trento
Printed in Italy

ISBN-10: 3-7205-2842-3
ISBN-13: 978-3-7205-2842-2

Inhalt

Glück & Erfolg 7

Fortschritt, Entwicklung, Veränderung 15

Jugend & Alter 23

Freundschaft & Familie 31

Gut & Böse 38

Hochzeit & Ehe 47

Liebe, Lust & Leidenschaft 53

Männer & Frauen 61

Reichtum & Macht 69

Abschied & Trennung 77

Sieg & Niederlage 83

Wissen & Weisheit 89

Tod & Trauer 97

Vergangenheit, Gegenwart, Zukunft 105

Glück
&
Erfolg

Es gibt zwei Wege für den Aufstieg:
Entweder man passt sich an
oder man legt sich quer.
KONRAD ADENAUER, DEUTSCHER POLITIKER (1876–1967)

Auch das glücklichste Leben ist nicht ohne ein
gewisses Maß an Dunkelheit denkbar, und das Wort
Glück würde seine Bedeutung verlieren, hätte es nicht
seinen Widerpart in der Traurigkeit.
C. G. JUNG, SCHWEIZER PSYCHOLOGE UND
PSYCHIATER (1875–1961)

Erfolg ist einmal mehr aufstehen als hinfallen.
SIR WINSTON CHURCHILL,
BRITISCHER POLITIKER (1874–1965)

Das Glück entflieht uns, wenn wir hinter ihm
her rennen. In Wahrheit kommt das Glück von innen.
Es ist kein Gebrauchsartikel, den man
irgendwo kaufen könnte.
MAHATMA GANDHI, INDISCHER POLITIKER
UND REFORMER (1869–1948)

*Das Dümmste, was man mit seinem Erfolg
anstellen kann, ist, sich dessen zu rühmen.*
MARIE VON EBNER-ESCHENBACH,
ÖSTERREICHISCHE ERZÄHLERIN (1830–1916)

*Das höchste Glück des Lebens besteht
in der Überzeugung, geliebt zu werden.*
VICTOR HUGO, FRANZÖSISCHER
SCHRIFTSTELLER (1802–1885)

*Was bedeutet schon Geld? Ein Mensch ist erfolgreich,
wenn er zwischen Aufstehen und Schlafen-
gehen das tun kann, was ihm gefällt.*
BOB DYLAN, AMERIKANISCHER MUSIKER
UND SCHRIFTSTELLER (GEB. 1941)

*Das Glück liegt nicht am anderen Ufer,
bei den Menschen, denen es scheinbar besser geht.
Das Glück liegt in dir. Es nimmt seinen Anfang in
deinem Herzen und du gibst es weiter, wenn Menschen
gern mit dir zusammen sind.*
PHIL BOSMANS, BELGISCHER ORDENSPRIESTER (GEB. 1922)

*Erfolg ist ein schlechter Lehrmeister.
Er lässt sogar kluge Menschen glauben,
sie könnten nicht verlieren.*
BILL GATES, AMERIKANISCHER UNTERNEHMER (GEB. 1955)

Glück & Erfolg

In jeder Minute, die man mit Ärger verbringt,
versäumt man sechzig glückliche Sekunden.
WILLIAM SOMERSET MAUGHAM,
ENGLISCHER SCHRIFTSTELLER (1874–1965)

Erfolg verändert den Menschen nicht,
er entlarvt ihn.
MAX FRISCH, SCHWEIZER SCHRIFTSTELLER (1911–1991)

Das Glück ist im Grunde nichts anderes
als der mutige Wille zu leben, indem man die
Bedingungen dieses Lebens annimmt.
MAURICE BARRÈS, FRANZÖSISCHER
SCHRIFTSTELLER (1862–1923)

Das Geheimnis des Erfolges ist, den Standpunkt
des anderen zu verstehen.
HENRY FORD, AMERIKANISCHER
UNTERNEHMER (1863–1947)

Lasse nie zu, dass du jemandem begegnest,
der nicht nach der Begegnung
mit dir glücklicher ist.
MUTTER TERESA, ALBANISCH-INDISCHE
ORDENSSCHWESTER (1910–1997)

*Wenn wir uns von unseren Träumen
leiten lassen, wird der Erfolg all unsere
Erwartungen übertreffen.*
HENRY DAVID THOREAU, AMERIKANISCHER PHILOSOPH
UND SCHRIFTSTELLER (1817–1862)

*Ein Augenblick des Glücks wiegt
Jahrtausende des Nachruhms auf.*
FRIEDRICH II. (DER GROSSE), PREUSSISCHER KÖNIG (1712–1786)

*Ich habe stets beobachtet, dass man,
um Erfolg zu haben in der Welt, närrisch scheinen
oder weise sein muss.*
CHARLES DE MONTESQUIEU, FRANZÖSISCHER PHILOSOPH
UND SCHRIFTSTELLER (1689–1755)

Glück ist eine andere Bezeichnung für Willensstärke.
RALPH WALDO EMERSON, AMERIKANISCHER DICHTER (1803–1882)

*Ein Mann, den ich erfolgreich nennen würde,
der muss geraden Sinnes sein, ergeben der Rechtschaffenheit,
die Worte und die Mienen anderer wägen können, bescheiden
sein in allem, was er denkt, um sich vor anderen
nicht hervorzutun. So einer wird erfolgreich sein,
im Staat und ebenso unter den Seinen.*
KONFUZIUS, CHINESISCHER PHILOSOPH (551–479 v. CHR.)

*Glück erhebt sich aus Unglück,
und Unglück ist bereits im Glück verborgen.*
LAO-TSE, CHINESISCHER PHILOSOPH (UM 300 v. CHR.)

*Das Wissen um den richtigen Zeitpunkt
ist der halbe Erfolg.*
MAURICE COUVE DE MURVILLE,
FRANZÖSISCHER POLITIKER (1907–1999)

*Schließlich hängt das Glück nur davon ab,
wie viel Fähigkeit man hat, andere
und anderes zu lieben.*
RICARDA HUCH, DEUTSCHE ERZÄHLERIN (1864–1947)

*Erfolg hat nur der, der etwas tut,
während er auf den Erfolg wartet.*
THOMAS ALVA EDISON,
AMERIKANISCHER INGENIEUR UND ERFINDER (1847–1931)

*Lerne loszulassen, das ist der
Schlüssel zum Glück.*
BUDDHA,
RELIGIONSSTIFTER (560–480 v. CHR.)

*Wir neigen dazu, Erfolg eher nach der Höhe
unserer Gehälter oder nach der Größe unserer Autos zu
bestimmen als nach dem Grad unserer Hilfsbereitschaft
und dem Maß unserer Menschlichkeit.*
MARTIN LUTHER KING JR.,
AMERIKANISCHER THEOLOGE UND BÜRGERRECHTLER (1929–1968)

*Glück ist, was passiert,
wenn Vorbereitung auf Gelegenheit trifft.*
LUCIUS ANNAEUS SENECA,
RÖMISCHER PHILOSOPH UND POLITIKER (4 v. CHR.–65 n. CHR.)

*Die Ablehnung, Unwichtiges zu tun,
ist eine entscheidende Voraussetzung für den Erfolg.*
SIR ALEXANDER MACKENZIE,
SCHOTTISCHER ENTDECKUNGSREISENDER (1764–1820)

*Das Leben, es mag sein, wie es will, ist ein Glück,
das von keinem anderen übertroffen wird.*
LEO NIKOLAJEWITSCH TOLSTOI,
RUSSISCHER SCHRIFTSTELLER (1828–1910)

*Karriere ist etwas Herrliches,
aber man kann sich in einer kalten Nacht
nicht an ihr wärmen.*
MARILYN MONROE,
AMERIKANISCHE SCHAUSPIELERIN (1926–1962)

Fortschritt, Entwicklung, Veränderung

*Es gibt keine großen Entdeckungen und Fortschritte,
solange es noch ein unglückliches Kind auf Erden gibt.*
ALBERT EINSTEIN, DEUTSCHER PHYSIKER (1879–1955)

Der Fortschritt ist die Verwirklichung von Utopien.
OSCAR WILDE, IRISCHER SCHRIFTSTELLER (1854–1900)

*Der größte Feind des Fortschritts
ist nicht der Irrtum, sondern die Trägheit.*
HENRY THOMAS BUCKLE,
ENGLISCHER SCHRIFTSTELLER (1821–1862)

*Man sieht die Blumen welken und die Blätter fallen,
aber man sieht auch Früchte reifen und neue Knospen
keimen. Das Leben gehört den Lebendigen an,
und wer lebt, muss auf Wechsel gefasst sein.*
JOHANN WOLFGANG VON GOETHE,
DEUTSCHER DICHTER (1749–1832)

*Fortschritt ist der Weg vom Primitiven
über das Komplizierte zum Einfachen.*
WERNHER VON BRAUN,
DEUTSCHER RAUMFAHRTTECHNIKER (1912–1977)

Fortschritt, Entwicklung, Veränderung

*Ich habe gelernt, dass der Weg des Fortschritts
weder kurz noch unbeschwerlich ist.*
MARIE CURIE, POLNISCH-FRANZÖSISCHE CHEMIKERIN
UND PHYSIKERIN (1867–1934)

*Fortschritt ist ambivalent.
Er entwickelt zugleich das Potenzial der Freiheit
und die Wirklichkeit der Unterdrückung.*
THEODOR W. ADORNO, DEUTSCHER PHILOSOPH (1903–1969)

*Sei du selbst die Veränderung,
die du dir wünschst für diese Welt.*
MAHATMA GANDHI, INDISCHER
POLITIKER UND REFORMER (1869–1948)

*Ratlosigkeit und Unzufriedenheit sind
die ersten Vorbedingungen des Fortschritts.*
THOMAS ALVA EDISON, AMERIKANISCHER
INGENIEUR UND ERFINDER (1847–1931)

*Es gibt keinen Fortschritt, wenn die Menschen
kein Vertrauen in die Zukunft haben.*
JOHN F. KENNEDY, AMERIKANISCHER POLITIKER (1917–1963)

Fortschritt, Entwicklung, Veränderung

*Das Alte stürzt, es ändert sich die Zeit
und neues Leben blüht aus den Ruinen.*
FRIEDRICH SCHILLER, DEUTSCHER DICHTER (1759–1805)

*Die Menschheit ist zu weit vorwärts gegangen,
um sich zurückzuwenden, und bewegt
sich zu rasch, um anzuhalten.*
SIR WINSTON CHURCHILL, BRITISCHER POLITIKER (1874–1965)

*Die Hauptfortschritte der Zivilisation sind
Vorgänge, welche die Kulturen, in denen sie stattfinden,
fast zugrunde richten.*
ALFRED NORTH WHITEHEAD, BRITISCHER
PHILOSOPH UND MATHEMATIKER (1861–1947)

*Fortschritt besteht nicht darin,
dass wir in eine Richtung unendlich weiterlaufen,
sondern dass wir einen Platz finden, auf dem wir
wieder eine Zeit lang stehen können.*
GILBERT KEITH CHESTERTON, ENGLISCHER
SCHRIFTSTELLER (1874–1936)

*Veränderungen begünstigen nur den,
der darauf vorbereitet ist.*
LOUIS PASTEUR, FRANZÖSISCHER
CHEMIKER (1822–1895)

Fortschritt, Entwicklung, Veränderung

*Die Größe und den moralischen Fortschritt
einer Nation kann man daran messen,
wie sie ihre Tiere behandelt.*
MAHATMA GANDHI, INDISCHER POLITIKER
UND REFORMER (1869–1948)

*Wer ständig glücklich sein möchte,
muss sich oft verändern.*
KONFUZIUS, CHINESISCHER PHILOSOPH (551–479 v. CHR.)

*Fortschritt findet man meistens dort,
wo Menschen in einer bestimmten Situation
beschließen, den Gehorsam zu verweigern.*
HALLDÓR KILJAN LAXNESS,
ISLÄNDISCHER SCHRIFTSTELLER (1902–1998)

*Übel dran sind diejenigen, die ihre Zeit
damit vergeuden, die Entwicklung anhalten zu wollen,
denn sie können nur die Bitternis des Versagens erleben,
niemals die Freude am Gelingen.*
JOHN STEINBECK, AMERIKANISCHER
SCHRIFTSTELLER (1902–1968)

*Die Geschichte des Fortschritts ist die Geschichte
der Undankbarkeit. Die Nachgeborenen übernehmen und
genießen gedankenlos Vorteile, ohne an den Preis
zu denken, der für sie gezahlt worden ist.*
HEINRICH BÖLL, DEUTSCHER SCHRIFTSTELLER (1917–1985)

*Ich denke, der Fortschritt kommt so oder so,
daher müssen wir das Beste aus ihm machen –
statt zu versuchen ihn aufzuhalten.*
BILL GATES, AMERIKANISCHER UNTERNEHMER (GEB. 1955)

*Alle denken darüber nach,
wie man die Menschheit ändern könnte,
doch niemand denkt daran, sich selbst zu ändern.*
LEO NIKOLAJEWITSCH TOLSTOI,
RUSSISCHER SCHRIFTSTELLER (1828–1910)

*Der Mann, der den Wind der Veränderung spürt,
sollte keinen Windschutz, sondern eine Windmühle bauen.*
MAO TSE-TUNG, CHINESISCHER POLITIKER,
BEGRÜNDER DER VOLKSREPUBLIK CHINA (1893–1976)

*Ist es ein Fortschritt,
wenn ein Kannibale Messer und Gabel benutzt?*
STANISLAW JERZY LEC,
POLNISCHER SCHRIFTSTELLER (1909–1966)

Fortschritt, Entwicklung, Veränderung

*Die Philosophen haben die Welt nur verschieden interpretiert;
es kommt darauf an, sie zu verändern.*
KARL MARX, DEUTSCHER NATIONALÖKONOM
UND PHILOSOPH (1818–1883)

*Den Fortschritt verdanken wir Menschen,
die Dinge versucht haben, von denen wir gelernt haben,
dass sie nicht gehen.*
ROBERT LEMBKE, DEUTSCHER JOURNALIST
UND FERNSEHMODERATOR (1913–1989)

*Kein größerer Irrtum, als zu glauben,
dass das zuletzt gesprochene Wort stets das richtigere,
jedes spätere Geschriebene eine Verbesserung
des früher Geschriebenen und jede
Veränderung ein Fortschritt sei.*
ARTHUR SCHOPENHAUER,
DEUTSCHER PHILOSOPH (1788–1860)

Jugend & Alter

Woran man erkennt, dass man alt wird?
Wenn man aufhört zu hoffen und
anfängt sich zu erinnern.
DANIEL SANDERS, DEUTSCHER AUTOR (1819–1897)

Die Jugend verachtet die Folgen; darauf beruht ihre Stärke.
MARTIN KESSEL, DEUTSCHER ERZÄHLER
UND LYRIKER (1901–1990)

Alternde Menschen sind wie Museen;
nicht auf die Fassade kommt es an,
sondern auf die Schätze im Innern.
JEANNE MOREAU, FRANZÖSISCHE SCHAUSPIELERIN (GEB. 1928)

Ein junger Mensch, der niemals weint,
ist ein Ungeheuer. Ein alter Mensch,
der nicht lacht, ist ein Narr.
GEORGE SANTAYANA, AMERIKANISCHER PHILOSOPH
SPANISCHER HERKUNFT (1863–1952)

Je älter man wird,
desto ähnlicher wird man sich selbst.
MAURICE CHEVALIER, FRANZÖSISCHER SCHAUSPIELER
UND CHANSONIER (1888–1972)

*Jede Blume welkt einmal,
sollen wir sie deswegen weniger bewundern?*
ZENTA MAURINA, LETTISCHE
SCHRIFTSTELLERIN (1897–1978)

*Niemand wird alt, weil er eine bestimmte Anzahl
von Jahren gelebt hat, Menschen werden alt,
wenn sie ihre Ideale verraten.*
ALBERT SCHWEITZER, DEUTSCHER ARZT
UND THEOLOGE (1875–1965)

*Junge Menschen nennt man Spinner,
alte Menschen Originale.*
MARLON BRANDO, AMERIKANISCHER
SCHAUSPIELER (1924–2004)

*Wenn wir zwanzig sind, nehmen wir uns vor,
den großen Schatz des Lebens zu entdecken.
Mit vierzig geben wir es auf, danach zu suchen.
Mit sechzig wissen wir, dass wir ihn mit
zwanzig bereits besessen haben.*
SIGMUND GRAFF, DEUTSCHER SCHRIFTSTELLER (1898–1979)

*Das Alter nimmt dir nichts,
was es dir nicht erstattet.*
FRIEDRICH RÜCKERT, DEUTSCHER DICHTER (1788–1866)

*Der Mangel an Erfahrung veranlasst
die Jugend zu Leistungen, die ein erfahrener
Mensch niemals vollbringen würde.*
JEAN DUCHÉ, FRANZÖSISCHER JURIST (GEB. 1916)

*Nicht der Mensch hat am meisten gelebt,
welcher die höchsten Jahre zählt, sondern derjenige,
welcher sein Leben am meisten empfunden hat.*
JEAN-JACQUES ROUSSEAU,
FRANZÖSISCHER PHILOSOPH (1712–1778)

*Die junge Generation hat auch heute
Respekt vor dem Alter, allerdings nur noch beim Wein,
beim Whisky und bei den Möbeln.*
TRUMAN CAPOTE,
AMERIKANISCHER SCHRIFTSTELLER (1924–1984)

*Zu wissen, wie man altert, ist das Meisterwerk
der Weisheit und eines der schwierigsten Kapitel
aus der großen Kunst des Lebens.*
HENRI FRÉDÉRIC AMIEL,
FRANZÖSISCHER SCHRIFTSTELLER (1821–1881)

*Die Jugend ist glücklich, weil sie fähig ist,
Schönheit zu erkennen. Jeder, der sich die Fähigkeit
erhält, Schönes zu erkennen, wir nie alt werden.*
FRANZ KAFKA, ÖSTERREICHISCHER SCHRIFTSTELLER (1883–1924)

*Im Alter bereut man vor allem die Sünden,
die man nicht begangen hat.*
WILLIAM SOMERSET MAUGHAM,
ENGLISCHER SCHRIFTSTELLER (1874–1965)

*Viele möchten leben, ohne zu altern,
und sie altern in Wirklichkeit, ohne zu leben.*
ALEXANDER MITSCHERLICH, DEUTSCHER
ARZT UND PSYCHONALYTIKER (1908–1982)

*Man hört auf, jung zu sein, wenn man die
Gesellschaft der anderen nicht mehr braucht.*
CESARE PAVESE, ITALIENISCHER LYRIKER (1908–1950)

*Altsein ist ein herrliches Ding,
wenn man nicht verlernt hat, was anfangen heißt.*
MARTIN BUBER, ÖSTERREICHISCHER PHILOSOPH
UND RELIGIONSFORSCHER (1878–1965)

*Ich habe überhaupt keine Hoffnung
mehr für die Zukunft unseres Landes, wenn einmal
unsere Jugend die Männer von morgen stellt.
Unsere Jugend ist unerträglich, unverantwortlich
und entsetzlich anzusehen.*
ARISTOTELES, GRIECHISCHER PHILOSOPH (384–322 v. CHR.)

*Der Idealismus der Jugend
ermöglicht die Weisheit des Alters.*
HANS ARNDT, DEUTSCHER SCHRIFTSTELLER (GEB. 1911)

*Ich weiß, was Jugend ist: inniges,
unzerstreutes Empfinden des eigenen Selbst.*
BETTINA VON ARNIM,
DEUTSCHE SCHRIFTSTELLERIN (1785–1859)

*Im Urwald ist ein Greis, der stirbt,
wie eine Bibliothek, die verbrennt.*
SAFI FAYE, SENEGALESISCHE REGISSEURIN (GEB. 1943)

*Es ist das Vorrecht der Jugend,
Fehler zu begehen, denn sie hat genügend Zeit,
sie zu korrigieren.*
ERNST BARLACH, DEUTSCHER DRAMATIKER
UND BILDHAUER (1870–1938)

*Die Leute, die nicht zu altern verstehen, sind
die gleichen, die nicht verstanden haben, jung zu sein.*
MARC CHAGALL, FRANZÖSISCHER MALER (1887–1985)

Die Jugend kann vom Alter lernen,
das Alter von der Jugend noch viel mehr.
MARIE VON EBNER-ESCHENBACH,
ÖSTERREICHISCHE ERZÄHLERIN (1830–1916)

Alt ist man dann, wenn man an der
Vergangenheit mehr Freude hat als an der Zukunft.
JOHN KNITTEL, SCHWEIZER DRAMATIKER (1891–1970)

Wenn wir alt werden,
verkriecht sich die Schönheit nach innen.
RALPH WALDO EMERSON,
AMERIKANISCHER DICHTER (1803–1882)

Die Jugend hat Heimweh nach der Zukunft.
JEAN-PAUL SARTRE, FRANZÖSISCHER
PHILOSOPH UND SCHRIFTSTELLER (1905–1980)

Freundschaft & Familie

*Freunde sind nie heimatlos,
denn einer wohnt in des anderen Herz.*
RABINDRANÂTH TAGORE, INDISCHER DICHTER
UND PHILOSOPH (1861–1941)

*Das Schönste an einer Freundschaft ist nicht die ausgestreckte
Hand, das freundliche Lächeln oder der menschliche Kontakt,
sondern das erhabene Gefühl, jemanden zu haben, der an
einen glaubt und einem sein Vertrauen schenkt.*
RALPH WALDO EMERSON, AMERIKANISCHER DICHTER (1803–1882)

*Wenn die Familie beisammen ist,
ist die Seele an ihrem Platz.*
RUSSISCHES SPRICHWORT

*Die Freundschaft vermehrt das Gute
und verteilt das Schlimme: Sie ist das einzige Mittel
gegen das Unglück und ist das Freiatmen der Seele.*
BALTASAR GRACIÁN Y MORALES,
SPANISCHER SCHRIFTSTELLER (1601–1658)

Wenn ein Freund bittet, gibt es kein »morgen«.
GEORGE HERBERT, ENGLISCHER DICHTER (1593–1633)

*Die Familie ist die älteste aller
Gemeinschaften und die einzige natürliche.*
JEAN-JACQUES ROUSSEAU, FRANZÖSISCHER PHILOSOPH (1712–1778)

*Freundschaft ist die Blüte
eines Augenblicks und die Frucht der Zeit.*
AUGUST VON KOTZEBUE, DEUTSCHER DRAMATIKER (1761–1819)

*Die Liebe gebar die Welt, die Freundschaft
wird sie wieder gebären.*
JOHANN CHRISTIAN FRIEDRICH HÖLDERLIN,
DEUTSCHER SCHRIFTTELLER (1770–1843)

*Von allen großen Begrenzungen und Rahmenbedingungen,
welche die Poesie und Vielfalt des Lebens bilden und schaffen,
ist die entscheidendste und wichtigste die Familie.*
GILBERT KEITH CHESTERTON, ENGLISCHER ERZÄHLER (1874–1936)

*Eigenartigerweise kann ein Mann immer sagen, wie viele
Schafe er besitzt, aber er kann nicht sagen, wie viele Freunde
er hat, so gering ist der Wert, den wir ihnen beimessen.*
SOKRATES, GRIECHISCHER PHILOSOPH (470–399 v. CHR.)

*Freunde sind wie Sterne: Du siehst sie nicht immer, aber
sie sind immer für dich da.*
SPANISCHES SPRICHWORT

Keine Familie kann gedeihen,
wenn sie die Gesetze des menschlichen Herzens verletzt.
LIN YUTANG, CHINESISCHER SCHRIFTSTELLER (1895–1976)

Toleranz und Freundschaft ist oft alles und bei weitem
das Wichtigste, was wir einander geben können.
NOVALIS, DEUTSCHER DICHTER (1772–1801)

Ich war schon immer der Ansicht, dass das größte Privileg,
die größte Hilfe und der größte Trost in einer Freundschaft
darin besteht, dass man nichts erklären muss.
KATHERINE MANSFIELD, NEUSEELÄNDISCHE
SCHRIFTSTELLERIN (1888–1923)

Die Familie ist eines der Meisterwerke der Natur.
GEORGE DE SANTAYANA, AMERIKANISCHER PHILOSOPH
SPANISCHER HERKUNFT (1863–1952)

Freundschaft fließt aus vielen Quellen,
am reinsten aber aus dem Respekt.
DANIEL DEFOE, ENGLISCHER SCHRIFTSTELLER (1660–1731)

Freundschaft ist Liebe ohne Flügel.
LORD BYRON, ENGLISCHER DICHTER (1788–1824)

*Es gibt dreierlei Unglück: In der Jugend den Vater
zu verlieren, im mittleren Alter die Frau zu verlieren,
im Alter ohne Sohn zu sein.*
CHINESISCHES SPRICHWORT

*Wir können nicht den exakten Moment benennen, in dem eine
Freundschaft entsteht. Wie ein Krug, der Tropfen für Tropfen
gefüllt wird, bis ein letzter Tropfen ihn zum Überlaufen bringt,
so gibt es bei einer Freundschaft eine Vielzahl von Freundlichkeiten bis zu jener, die das Herz zum Überlaufen bringt.*
JAMES BOSWELL, SCHOTTISCHER BIOGRAPH (1740–1795)

*In der Freundschaft zählen nicht Alter,
weder Rang noch Verwandtschaft und Beziehung.
Wer einen Freund sucht, sucht den Charakter.*
MONG DSI, KONFUZIANISCHER PHILOSOPH (372–289 v. CHR.)

Der Familienvater ist der Abenteurer unserer modernen Zeit.
ANDRÉ GIDE, FRANZÖSISCHER SCHRIFTSTELLER
UND NOBELPREISTRÄGER (1869–1951)

*Ich brauche keinen Freund,
der sich jedes Mal mit mir verändert und mein Kopfnicken
erwidert, denn das tut mein Schatten besser.*
PLUTARCH, GRIECHISCHER PHILOSOPH (UM 50–120 n. CHR.)

Die Welt ist so leer, wenn man nur Berge, Flüsse und Städte darin denkt; aber hier und da jemand zu wissen, der mit uns übereinstimmt, mit dem wir auch stillschweigend fortleben, das macht uns dieses Erdenrund erst zu einem bewohnten Garten.
JOHANN WOLFGANG VON GOETHE, DEUTSCHER DICHTER (1749–1832)

Die Familie ist die Quelle des Segens und Unsegens der Völker.
MARTIN LUTHER, DEUTSCHER
THEOLOGE UND REFORMATOR (1483–1546)

Geh eine Meile, um einen Kranken zu besuchen, zwei, um Frieden zu stiften, und drei, um einen Freund zu sehen.
ARABISCHES SPRICHWORT

Ein wahrer Freund zeigt sich darin, dass er für einen Partei ergreift, wenn man Unrecht hat. Ist man im Recht, hat man sowieso fast alle auf seiner Seite.
MARK TWAIN, AMERIKANISCHER ERZÄHLER (1835–1910)

Man erwirbt keine Freunde, man erkennt sie.
WILHELM BUSCH, DEUTSCHER DICHTER (1832–1908)

Wir sind geboren, um gemeinsam zu leben. Und unsere Gemeinschaft ähnelt einem Gewölbe, in dem die Steine einander am Fallen hindern.
LUCIUS ANNAEUS SENECA, RÖMISCHER PHILOSOPH
UND POLITIKER (4 v. CHR.–65 n. CHR.)

Ein wahrer Freund ist der, der deine Hand nimmt, aber dein Herz berührt.
GABRIEL GARCIA MÁRQUEZ, KOLUMBIANISCHER SCHRIFTSTELLER
(GEB. 1928)

Der beste Spiegel ist das Auge eines guten Freundes.
GÄLISCHES SPRICHWORT

Das Erste, das der Mensch im Leben vorfindet, das Letzte, wonach er die Hand ausstreckt, das Kostbarste, was der Mensch im Leben besitzt, ist die Familie.
ADOLF KOLPING, DEUTSCHER THEOLOGE (1813–1865)

Freunde sind wie Laternen am Wegesrand. Sie machen den Weg nicht kürzer, aber heller.
UNBEKANNT

Freundschaft ist eine Seele in zwei Körpern.
ARISTOTELES, GRIECHISCHER PHILOSOPH (384–322 v. CHR.)

Gut & Böse

Alles Gute auf der Welt geschieht nur,
wenn einer mehr tut, als er tun muss.
HERRMANN GMEINER,
BEGRÜNDER DER SOS-KINDERDÖRFER (1919–1986)

Es würde viel weniger Böses auf Erden geben, wenn das Böse
niemals im Namen des Guten getan werden könnte.
MARIE VON EBNER-ESCHENBACH,
ÖSTERREICHISCHE ERZÄHLERIN (1830–1916)

Güte, Liebe, Mitgefühl, Sanftheit sind nicht
nur Dinge für Weichlinge. Sie sind Dinge,
nach denen die Welt sich letztlich sehnt.
DESMOND TUTU, SÜDAFRIKANISCHER THEOLOGE
UND BÜRGERRECHTLER (GEB. 1931)

Ich will nicht und ich kann auch nicht glauben,
dass das Böse der Normalzustand der Menschen sei.
FJODOR MICHAILOWITSCH DOSTOJEWSKI,
RUSSISCHER SCHRIFTSTELLER (1821–1881)

Auch das Gute hat zwei Seiten. Eine gute und eine böse.
STANISLAW JERZY LEC, POLNISCHER SATIRIKER (1909–1966)

*Wie die Sonne nicht auf Lob und Bitte wartet,
um aufzugehen, sondern eben leuchtet und von der ganzen
Welt begrüßt wird, so darfst auch du weder Schmeicheln
noch Beifall brauchen, um Gutes zu tun.*
EPIKET, GRIECHISCHER PHILOSOPH (UM 50 n. CHR.)

Das Böse kann nicht lieben.
OSCAR WILDE, IRISCHER SCHRIFTSTELLER (1854–1900)

*Das Gute – dieser Satz steht fest –
ist stets das Schlechte, das man lässt.*
WILHELM BUSCH, DEUTSCHER DICHTER (1832–1908)

*Lachen sorgt dafür, dass die Bösartigkeit des Lebens
uns nicht ganz und gar überwältigt.*
CHARLIE CHAPLIN, BRITISCHER SCHAUSPIELER
UND REGISSEUR (1889–1977)

Gutes kann niemals aus Lüge und Gewalt entstehen.
MAHATMA GANDHI, INDISCHER
POLITIKER UND REFORMER (1869–1948)

*Auch wenn du allein bist, solltest du nichts Böses
weder tun noch sagen. Lerne dich mehr vor
dir selbst als vor anderen zu schämen.*
DEMOKRIT, GRIECHISCHER PHILOSOPH (460–371 v. CHR.)

*Wenn wir einmal nicht grausam sind,
dann glauben wir gleich, wir seien gut.*
KURT TUCHOLSKY, DEUTSCHER SCHRIFTSTELLER (1890–1935)

*Lass dich nicht entmutigen. Werde ein guter Mensch,
dann wird das Stückchen Welt, in dem du lebst,
ein besseres Stückchen Welt.*
PHIL BOSMANS, BELGISCHER ORDENSPRIESTER (GEB. 1922)

*Wer Schlechtes nicht ertragen kann,
wird Gutes nie erleben.*
JÜDISCHES SPRICHWORT

*Der Mensch ist gut, er hat nur viel zu schaffen,
und wie er einzeln dies und das besorgt, entgeht ihm
der Zusammenhang des Ganzen.*
FRANZ GRILLPARZER, ÖSTERREICHISCHER DICHTER (1791–1872)

*Wer nicht irgendeines Tages die Faszination des Bösen
gespürt hat, kann nicht behaupten, er habe gelebt.*
AUGUSTINA BESSA-LUIS,
PORTUGIESISCHE SCHRIFTSTELLERIN (GEB. 1922)

*Seltsam, wie groß die Illusion ist,
dass Schönes auch gut ist.*
LEO NIKOLAJEWITSCH TOLSTOI,
RUSSISCHER SCHRIFTSTELLER (1828–1910)

*Das Böse im 20. Jahrhundert hat vor allem ein einziges
Gesicht, es ist grau, langweilig und trainiert in der Anpassung.*
EUGEN DREWERMANN, DEUTSCHER
THEOLOGE UND SCHRIFTSTELLER (GEB. 1940)

*Die Herrlichkeit des Lichts kann ohne seine Schatten
nicht existieren. Das Leben ist ein Ganzes, und Gutes und
Böses müssen zusammen hingenommen werden.*
SIR WINSTON CHURCHILL,
BRITISCHER POLITIKER (1874–1965)

*Tu so viel Gutes, wie du kannst,
und mache so wenig Gerede wie nur möglich darüber.*
CHARLES DICKENS, ENGLISCHER ERZÄHLER (1812–1870)

*Eines der wirksamsten Verführungsmittel
des Bösen ist die Aufforderung zum Kampf.*
FRANZ KAFKA, ÖSTERREICHISCHER
SCHRIFTSTELLER (1883–1924)

*Das Gute braucht zum Entstehen Zeit –
das Böse braucht sie zum Vergehen.*
JEAN PAUL, DEUTSCHER DICHTER (1763–1825)

*Das Böse triumphiert allein dadurch,
dass gute Menschen nichts unternehmen.*
EDMUND BURKE, BRITISCHER STAATSMANN
UND PHILOSOPH (1729–1797)

*Die Menschen sind nur so lange gut,
als sie andere für gut halten; sie wollen nicht geben,
sie wollen nur eine Schuldigkeit abtragen.*
FRIEDRICH HEBBEL, DEUTSCHER DICHTER (1813–1863)

*Wenn du willst, dass dir jemand nicht mehr
unsympathisch ist, tue ihm Gutes.*
JACINTO BENAVENTE, SPANISCHER DRAMATIKER (1866–1954)

Weiche dem Übel nicht, geh mutiger ihm entgegen.
VERGIL, RÖMISCHER DICHTER (70–19 v. CHR.)

Das Beste, was wir auf der Welt tun können,
ist Gutes tun, fröhlich sein und die Spatzen pfeifen lassen.
GIOVANNI »DON« BOSCO, ITALIENISCHER PRIESTER
UND ORDENSGRÜNDER (1815–1888)

Ein böses Wort ist wie ein Stein, der in einen tiefen Brunnen
geworfen wird: Die Wogen mögen sich glätten, der Stein aber
wird auf dem Grund bleiben.
KONFUZIUS, CHINESISCHER PHILOSOPH (551–479 v. CHR.)

Mein Optimismus beruht nicht auf der Negation des Bösen,
sondern auf dem frohen Glauben, dass das Gute überwiegt,
und auf dem mächtigen Willen, immer mit dem Guten
Hand in Hand zu arbeiten.
HELEN KELLER, AMERIKANISCHE SCHRIFTSTELLERIN (1880–1968)

Hochzeit & Ehe

Eine Frau ist der beste Gefährte für das Leben.
MARTIN LUTHER,
DEUTSCHER THEOLOGE UND REFORMATOR (1483–1546)

*Die Ehe ist die interessanteste,
schwerste und wichtigste Aufgabe im Leben.*
ANNE MORROW LINDBERGH,
AMERIKANISCHE SCHRIFTSTELLERIN (1906–2001)

*In der Ehe muss man einen unaufhörlichen Kampf gegen
ein Ungeheuer führen, das alles verschlingt:
die Gewohnheit.*
HONORÉ DE BALZAC,
FRANZÖSISCHER SCHRIFTSTELLER (1799–1850)

*Nicht der Mangel an Liebe, sondern der Mangel
an Freundschaft macht die unglücklichsten Ehen.*
FRIEDRICH WILHELM NIETZSCHE,
DEUTSCHER PHILOSOPH (1844–1900)

*Eheleute sollten Ritzen und Fugen in ihrer Ehe offen lassen,
damit der Wind des Himmels zu ihnen dringen kann.*
KHALIL GIBRAN, LIBANESISCHER
DICHTER UND MALER (1883–1931)

*Die große Kunst in der Ehe besteht darin, Recht zu behalten,
ohne den anderen ins Unrecht zu setzen.*
KÄTE HAACK, DEUTSCHE SCHAUSPIELERIN (1897–1986)

*Eine Ehe ohne Würze kleiner Misshelligkeiten wäre
fast so was wie ein Gedicht ohne r.*
GEORG CHRISTOPH LICHTENBERG, DEUTSCHER PHYSIKER (1742–1799)

*So weit die Erde Himmel sein kann,
so weit ist sie es in einer glücklichen Ehe.*
MARIE VON EBNER-ESCHENBACH,
ÖSTERREICHISCHE ERZÄHLERIN (1830–1916)

*Die Ehe ist eine lange Mahlzeit,
die mit dem Dessert beginnt.*
HENRI DE TOULOUSE-LAUTREC, FRANZÖSISCHER MALER (1864–1901)

*Die Hochzeit hat die Entführung nur deshalb abgelöst,
weil niemand gern auf Geschenke verzichtet.*
MARK TWAIN, AMERIKANISCHER ERZÄHLER (1835–1910)

*Die Knoten, die man gar zu fest zuziehen will, reißen.
Dasselbe geschieht mit dem Eheband, wenn man
es fester ziehen will, als es sein soll.*
JEAN-JACQUES ROUSSEAU, FRANZÖSISCHER PHILOSOPH (1712–1778)

*Ich glaube nicht, dass man jemals eine perfekte Ehe
geliefert bekommt. Es ist wie beim Gesicht,
dem Körper, den Bedingungen und dem Leben.
Man erhielt sie, um sie zu gestalten.*
ANNE MORROW LINDBERGH, AMERIKANISCHE
SCHRIFTSTELLERIN (1906–2001)

*In der Ehe ist es wichtig, dass man versteht,
harmonisch miteinander zu streiten.*
ANITA EKBERG, SCHWEDISCHE
SCHAUSPIELERIN (GEB. 1931)

*Jeder der heiratet, ist wie der Doge,
der sich mit dem adriatischen Meer vermählt.
Er weiß nicht, was drin ist, was er heiratet: Schätze,
Perlen, Ungetüme, unbekannte Stürme.*
HEINRICH HEINE, DEUTSCHER
DICHTER (1797–1856)

*Seine Freude in der Freude des anderen finden können,
das ist das Geheimnis des Glücks.*
GEORGES BERNANOS, FRANZÖSISCHER
DICHTER (1888–1948)

*In der Ehe ist es nicht so wichtig, den richtigen Partner
zu finden, als der richtige Partner zu sein.*
GRIECHISCHES SPRICHWORT

Hochzeit & Ehe

*Ehen werden im Himmel g'schlossen, darum
erfordert dieser Stand auch meistens überirdische Geduld.*
JOHANN NEPOMUK NESTROY, ÖSTERREICHISCHER
SCHAUSPIELER UND SCHRIFTSTELLER (1801–1862)

*Differenzen in der Ehe beginnen meistens damit,
dass der eine Teil zu viel redet und
der andere zu wenig zuhört.*
CURT GOETZ, DEUTSCHER SCHRIFTSTELLER (1888–1960)

*Es ist ein Unsinn zu glauben, man könne
glücklich werden, wenn man vierhändig eine Sonate spielen
kann. Die Ehe ist auf anderen Sachen aufgebaut.*
THEODOR FONTANE, DEUTSCHER ERZÄHLER (1819–1898)

*Die Ehe ist nie ein Letztes,
sondern Gelegenheit zum Reifwerden.*
JOHANN WOLFGANG VON GOETHE,
DEUTSCHER DICHTER (1749–1832)

Liebe, Lust & Leidenschaft

*Die größte Vergeudung unseres Lebens besteht in der Liebe,
die nicht gegeben wurde.*
ELSA BRÄNDSTRÖM, SCHWEDISCHE
KRANKENSCHWESTER (1888–1948)

*Liebe, die nicht Wahnsinn ist,
ist keine Liebe.*
PEDRO CALDERÓN DE LA BARCA,
SPANISCHER DRAMATIKER (1600–1681)

*Wer liebt, herrscht ohne Gewalt und dient,
ohne Sklave zu sein.*
ZENTA MAURINA, LETTISCHE
SCHRIFTSTELLERIN (1897–1978)

*Ein wenig Leidenschaft beflügelt den Geist,
zu viel löscht ihn aus.*
HENRI STENDHAL,
FRANZÖSISCHER SCHRIFTSTELLER (1783–1842)

*Darin besteht die Liebe: Dass sich zwei Einsame
beschützen und berühren und miteinander reden.*
RAINER MARIA RILKE, ÖSTERREICHISCHER
DICHTER (1875–1926)

*In unserer Zeit hat der Geschlechtsverkehr nur mehr die
Bedeutung eines Händedrucks in der Horizontalen.*
DORIS LESSING, BRITISCHE SCHRIFTSTELLERIN (GEB. 1919)

*Liebe allein versteht das Geheimnis,
andere zu beschenken und dabei selbst reich zu werden.*
CLEMENS VON BRENTANO,
DEUTSCHER DICHTER (1778–1842)

*Einen Menschen zu lieben heißt,
ihn so zu sehen, wie Gott ihn gemeint hat.*
FJODOR MICHAILOWITSCH DOSTOJEWSKI,
RUSSISCHER SCHRIFTSTELLER (1821–1881)

*Die Leidenschaften sind die Winde,
welche die Segel des Schiffes blähen: Manchmal bringen
sie es zum Kentern, aber ohne sie könnte es nicht segeln.*
VOLTAIRE, FRANZÖSISCHER SCHRIFTSTELLER
UND PHILOSOPH (1694–1778)

*Die Liebe ist der Endzweck der Weltgeschichte,
das Amen des Universums.*
NOVALIS, DEUTSCHER DICHTER (1772–1801)

Liebe, Lust & Leidenschaft   **57**

Sex in längerer Verbindung ist die Kunst,
Reprisen immer wieder wie Premieren erscheinen zu lassen.
JEANNE MOREAU, FRANZÖSISCHE SCHAUSPIELERIN (GEB. 1928)

Liebe ist die Fähigkeit und Bereitschaft, den Menschen,
an denen uns gelegen ist, die Freiheit zu lassen, zu sein,
was sie sein wollen, gleichgültig, ob wir uns damit
identifizieren können oder nicht.
GEORGE BERNARD SHAW, IRISCHER DRAMATIKER (1856–1950)

Liebe ist Berührung – innerlich wie äußerlich.
IRINA RAUTHMANN, DEUTSCHE LYRIKERIN (GEB. 1958)

Kein Toter ist so gut begraben
wie eine erloschene Leidenschaft.
MARIE VON EBNER-ESCHENBACH,
ÖSTERREICHISCHE ERZÄHLERIN (1830–1916)

Die Summe unseres Lebens sind die Stunden,
in denen wir liebten.
WILHELM BUSCH, DEUTSCHER DICHTER (1832–1908)

In der Kunst wie im Leben ist alles möglich,
wenn es auf Liebe gegründet ist.
MARC CHAGALL, FRANZÖSISCHER MALER (1887–1985)

*Liebe ist nicht Sex. Sex ist nicht Liebe. Aber es ist wie
im siebten Himmel, wenn eins zum anderen kommt.*
MADONNA, AMERIKANISCHE
POP-SÄNGERIN UND SCHAUSPIELERIN (GEB. 1958)

Liebe ist ein Käfig mit Gitterstäben aus Glück.
CLAUDIA CARDINALE, ITALIENISCHE SCHAUSPIELERIN (GEB. 1938)

*Wenn die Passion fehlt, fehlt alles.
Ohne Leidenschaft ist nichts zu erreichen.*
ALBERTO MORAVIA, ITALIENISCHER SCHRIFTSTELLER (1907–1990)

*In den USA ist Sex eine Obsession,
im Rest der Welt ist es ein Fakt.*
MARLENE DIETRICH, DEUTSCHE
SCHAUSPIELERIN UND SÄNGERIN (1901–1992)

*Liebe ist Licht, das vom Himmel stammt –
ein Strahl vom Urquell aller Sonnen.*
LORD BYRON, ENGLISCHER DICHTER (1788–1824)

*Man kann ohne Liebe Holz hacken, Ziegel formen,
Eisen schmieden. Aber mit Menschen kann man
nicht ohne Liebe umgehen.*
LEO NIKOLAJEWITSCH TOLSTOI,
RUSSISCHER SCHRIFTSTELLER (1828–1910)

Wahre Liebe öffnet die Arme und schließt die Augen.
VINZENZ VON PAUL, FRANZÖSISCHER ORDENSSTIFTER
UND GRÜNDER DER CARITAS (1581–1660)

*Warum soll ich mich schämen, Körperteile zu benennen,
die zu erschaffen Gott sich nicht geschämt hat?*
KLEMENS VON ALEXANDRIEN, BISCHOF (UM 140–215)

*Der geliebte Mensch scheint dort zu stehen,
wo sonst etwas fehlt.*
ROBERT MUSIL, ÖSTERREICHISCHER
SCHRIFTSTELLER (1880–1942)

*Die Liebe ist die einzige Macht, die uns ein Stück
von jener Welt zeigt, wie Gott sie meinte, als er uns erschuf.*
EUGEN DREWERMANN, DEUTSCHER THEOLOGE (GEB. 1940)

Eine der erogensten Zonen der Frau ist ihre Intelligenz.
SHIRLEY MACLAINE,
AMERIKANISCHE SCHAUSPIELERIN (GEB. 1934)

*Wenn du liebst, dringst du ans Licht wie der Same,
der in der Erde verborgen war.*
BETTINA VON ARNIM, DEUTSCHE
SCHRIFTSTELLERIN (1785–1859)

Die Liebe besteht zu drei Vierteln aus Neugier.
GIACOMO CASANOVA, ITALIENISCHER ABENTEURER
UND SCHRIFTSTELLER (1725–1798)

Auf Schönheit gebaute Liebe
stirbt so schnell wie die Schönheit.
JOHN DONNE, ENGLISCHER SCHRIFTSTELLER
UND THEOLOGE (1572–1631)

Die höchste und tiefste Liebe
ist die Mutterliebe.
LUDWIG FEUERBACH,
DEUTSCHER PHILOSOPH (1804–1872)

Die Liebe ist wie ein Gewürz.
Sie kann das Leben versüßen – aber es auch versalzen.
KONFUZIUS, CHINESISCHER PHILOSOPH (551–479 v. CHR.)

Vergiss nicht, dass die beste Beziehung die ist,
wo eure Liebe füreinander euer Bedürfnis
einander zu brauchen, übesteigt.
DALAI LAMA, BUDDHISTISCHER MÖNCH
UND OBERHAUPT DER TIBETER (GEB. 1935)

Männer & Frauen

Ist die Frau weniger wert als der Mann?
Wer diese Frage beantwortet, muss auch sagen,
ob Feuer mehr wert ist als Wasser.
CARL LUDWIG SCHLEICH,
DEUTSCHER ARZT UND SCHRIFTSTELLER (1859–1922)

Viele erfolgreiche Männer haben keine erfolgreichen
Qualifikationen außer der, keine Frau zu sein.
VIRGINIA WOOLF, ENGLISCHE SCHRIFTSTELLERIN (1882–1941)

Eine Frau wird sich lieber vom Geist
eines Mannes gefangen nehmen lassen als von
seinem Körper. Schön ist sie selbst.
CURT GOETZ, DEUTSCHER SCHRIFTSTELLER
UND SCHAUSPIELER (1888–1960)

Das Spiel ist das Einzige, was Männer
wirklich ernst nehmen. Deshalb sind Spielregeln älter
als alle Gesetze der Welt.
PETER BAMM, DEUTSCHER ARZT
UND SCHRIFTSTELLER (1897–1975)

*Gute Taten werden hauptsächlich
von Männern gepredigt und von Frauen getan.*
NANCY ASTOR, ENGLISCHE POLITIKERIN (1879–1964)

*Die Männer würden den Frauen getrost
die Weltherrschaft überlassen, wenn die Frauen zugeben
würden, dass nur Männer gute Autofahrer sein können.*
JEANNE MOREAU, FRANZÖSISCHE SCHAUSPIELERIN (GEB. 1928)

Ein Mann ohne Eitelkeit ist kein Mann.
JOHN WAYNE, AMERIKANISCHER SCHAUSPIELER (1907–1979)

*Wenn Frauen lieben, lieben sie ganz.
Liebende Männer haben zwischendurch zu tun.*
JEAN PAUL, DEUTSCHER DICHTER (1763–1825)

*Die Männer tadeln den Wankelmut der Frauen,
wenn sie sein Opfer sind, aber sie finden ihn ganz entzückend,
wenn sie sein Nutznießer sind.*
BRIGITTE HORNEY, DEUTSCHE SCHAUSPIELERIN (1911–1988)

*Die meisten Frauen wählen ihr Nachthemd
mit mehr Verstand als ihren Mann.*
COCO CHANEL, FRANZÖSISCHE
MODESCHÖPFERIN (1883–1971)

*Die Männer beteuern immer,
sie lieben die innere Schönheit der Frau –
komischerweise gucken sie aber ganz woanders hin.*
MARLENE DIETRICH, DEUTSCHE
SCHAUSPIELERIN UND SÄNGERIN (1901–1992)

*Alle Aphorismen über Frauen sind notgedrungen boshaft.
Um das Gute an den Frauen zu schildern,
benötigt man viele Seiten.*
ANDRÉ MAUROIS, FRANZÖSISCHER
SCHRIFTSTELLER (1885–1967)

*Männer widerstehen oft den besten Argumenten
und erliegen einem Augenaufschlag.*
HONORÉ DE BALZAC,
FRANZÖSISCHER SCHRIFTSTELLER (1799–1850)

*Das Flüstern einer schönen Frau hört man weiter
als den lautesten Ruf der Pflicht.*
PABLO PICASSO, SPANISCHER MALER (1881–1973)

*Kein Mann ist imstande, die weibliche Vernunft
zu begreifen. Deshalb gilt sie als Unvernunft.*
ELEONORA DUSE, ITALIENISCHE SCHAUSPIELERIN (1858–1924)

*Die Ahnung einer Frau ist meist zuverlässiger
als das Wissen des Mannes.*
RUDYARD KIPLING, ENGLISCHER SCHRIFTSTELLER (1865–1936)

*Drei Klassen von Narren:
Die Männer aus Hochmut, die Mädchen aus Liebe,
die Frauen aus Eifersucht.*
JOHANN WOLFGANG VON GOETHE,
DEUTSCHER DICHTER (1749–1832)

*Die größten Klatschweiber
der Welt sind die Männer.*
ZSA ZSA GABOR, UNGARISCHE
FILMSCHAUSPIELERIN (GEB. 1918)

*Früher hatten schöne Frauen automatisch
dumm zu sein. Wie man sieht, können heute
auch schöne Männer dumm sein.*
JEAN-PAUL GAULTIER, FRANZÖSISCHER
MODE-DESIGNER (GEB. 1952)

*Männer leben vom Vergessen –
Frauen von der Erinnerung.*
T. S. ELIOT, ENGLISCHER DICHTER (1888–1965)

*Das niedrig gewachsene, schmalschultrige,
breithüftige und kurzbeinige Geschlecht das Schöne zu nennen,
konnte nur der vom Geschlechtstrieb umnebelte
männliche Intellekt fertig bringen.*
ARTHUR SCHOPENHAUER,
DEUTSCHER SCHRIFTSTELLER (1788–1860)

*Der einzige Unterschied zwischen einem Kind
und einem Mann ist der Preis fürs Spielzeug.*
FAITH HILL, AMERIKANISCHE COUNTRY-SÄNGERIN (GEB. 1967)

*Es gibt drei Dinge, die eine Frau
aus dem Nichts hervorzaubern kann: einen Hut,
einen Salat und einen Ehekrach.*
MARK TWAIN, AMERIKANISCHER ERZÄHLER (1835–1910)

*Männer sind zwar oft so jung, wie sie sich fühlen,
aber niemals so bedeutend.*
SIMONE DE BEAUVOIR,
FRANZÖSISCHE SCHRIFTSTELLERIN (1908–1986)

*Wenn Ameisen und Frauen in Eile sind,
droht immer ein Erdbeben.*
KONFUZIUS, CHINESISCHER PHILOSOPH (551–479 v. CHR.)

*Eine schöne Frau ist ein Paradies für die Augen,
eine Hölle für die Seele und ein Fegefeuer für den Geldbeutel.*
BERNARD LE BOVIER DE FONTENELLE,
FRANZÖSISCHER SCHRIFTSTELLER (1657–1757)

*Ein Mann ändert eher das Antlitz der Erde
als seine Angewohnheiten.*
ELEONORA DUSE, ITALIENISCHE SCHAUSPIELERIN (1858–1924)

Die Frau ist die Rätselecke in Gottes großer Weltzeitung.
MARCEL ACHARD, FRANZÖSISCHER DRAMATIKER (1899–1974)

*Wenn ein Mann zurückweicht, weicht er zurück.
Eine Frau weicht nur zurück,
um besser Anlauf nehmen zu können.*
ZSA ZSA GABOR, UNGARISCHE FILMSCHAUSPIELERIN (GEB. 1918)

*Am liebsten erinnern sich die Frauen an die Männer,
mit denen sie lachen konnten.*
ANTON TSCHECHOW, RUSSISCHER SCHRIFTSTELLER (1860–1904)

Reichtum & Macht

*Vielleicht verdirbt Geld den Charakter.
Aber auf keinen Fall macht der Mangel
an Geld ihn besser.*
JOHN STEINBECK, AMERIKANISCHER
SCHRIFTSTELLER (1902–1968)

*Ein Geschäft, das nur Geld einbringt,
ist ein schlechtes Geschäft.*
HENRY FORD, AMERIKANISCHER UNTERNEHMER (1863–1947)

*Es ist ein großer Trugschluss zu glauben,
dass man ohne Macht ohnmächtig sei.*
ERICH LIMPACH, DEUTSCHER DICHTER (1899–1965)

*Am reichsten sind die Menschen,
die auf das meiste verzichten können.*
RABINDRANATH TAGORE, INDISCHER
DICHTER UND PHILOSOPH (1861–1941)

*Die Kraft, die durch Gewaltlosigkeit frei wird,
ist unendlich mächtiger als die Kraft sämtlicher Waffen,
die Menschengeist ersonnen hat.*
MAHATMA GANDHI, INDISCHER POLITIKER UND REFORMER (1869–1948)

*Die Philosophen verdammen den Reichtum nur,
weil wir ihn schlecht gebrauchen.*
FRANÇOIS DE LA ROCHEFOUCAULD,
FRANZÖSISCHER MORALIST (1613–1680)

*Das Lachen ist eine Macht,
vor der die Größten dieser Welt sich beugen müssen.*
ÉMILE ZOLA, FRANZÖSISCHER SCHRIFTSTELLER (1840–1902)

*Wirklich reich ist ein Mensch nur dann,
wenn er das Herz eines geliebten Menschen besitzt.*
GRETA GARBO, SCHWEDISCH-AMERIKANISCHE
SCHAUSPIELERIN (1905–1990)

*Die Freiheit lieben heißt andere lieben;
die Macht lieben, sich selbst zu lieben.*
WILLIAM HAZLITT, ENGLISCHER SCHRIFTSTELLER (1778–1830)

*Der Teufel ist jetzt weiser als vordem,
er macht uns reich, nicht arm, um uns zu versuchen.*
ALEXANDER POPE, ENGLISCHER DICHTER (1688–1744)

*Keine Macht ist stark genug, um von Dauer zu sein,
wenn sie unter Furcht wirkt.*
MARCUS TULLIUS CICERO, RÖMISCHER REDNER
UND STAATSMANN (106–43 v. CHR.)

Reichtum & Macht

*Wer an einem Tag reich werden will,
wird in einem Jahr gehängt werden.*
LEONARDO DA VINCI, ITALIENISCHER
UNIVERSALGELEHRTER (1452–1519)

*Ich kenne nichts auf der Welt, das so viel Macht hat
wie das Wort. Manchmal schreibe ich eines auf und
sehe es an, bis es beginnt zu leuchten.*
EMILY DICKINSON, AMERIKANISCHE DICHTERIN (1830–1886)

*Wir haben nicht mehr Recht, Glück zu empfangen,
ohne es zu schaffen, als Reichtum zu genießen,
ohne ihn zu produzieren.*
GEORGE BERNARD SHAW,
IRISCHER SCHRIFTSTELLER (1856–1950)

*Keine Armee der Welt kann sich einer Idee widersetzen,
deren Zeit gekommen ist.*
VICTOR HUGO, FRANZÖSISCHER SCHRIFTSTELLER (1802–1885)

*Er hat eine schmucke Dienerschaft, ein schönes Haus,
er besät weite Äcker und leiht große Summen aus;
aber nichts von diesem ist in ihm,
sondern alles nur um ihn.*
LUCIUS ANNAEUS SENECA, RÖMISCHER
PHILOSOPH UND POLITIKER (4 v. CHR.–65 n. CHR.)

Macht ist eine Mahlzeit,
die wachsenden Appetit verursacht.
CHARLES MAURICE DE TALLEYRAND,
FRANZÖSISCHER STAATSMANN UND BISCHOF (1754–1838)

Dankbarkeit macht das Leben erst reich.
DIETRICH BONHOEFFER, DEUTSCHER THEOLOGE
UND WIDERSTANDSKÄMPFER (1906–1945)

Wer andere besiegt, ist stark.
Wer sich selbst besiegt, hat Macht.
LAO-TSE, CHINESISCHER PHILOSOPH (UM 300 v. CHR.)

Gedanken machen groß, Gefühle reich.
MARCUS FABIUS QUINTILIAN,
RÖMISCHER REDNER (30–96 n. CHR.)

Willst du den Charakter eines Menschen
kennen lernen, so gib ihm Macht.
ABRAHAM LINCOLN,
AMERIKANISCHER POLITIKER (1809–1865)

Genug haben ist Glück, mehr als genug haben
ist unheilvoll. Das gilt von allen Dingen,
aber besonders vom Geld.
LAO-TSE, CHINESISCHER PHILOSOPH (UM 300 v. CHR.)

Reichtum & Macht

Man muss der Macht immer misstrauen,
in wessen Hand sie auch liegt.
SIR WILLIAM JONES, ENGLISCHER JURIST (1746–1794)

Geld ist geprägte Freiheit.
FJODOR MICHAILOWITSCH DOSTOJEWSKI,
RUSSISCHER SCHRIFTSTELLER (1824–1881)

Die Macht ist bösartig und unersättlich –
erst stumpft sie uns ab gegen das Leid anderer Menschen
und dann macht sie uns süchtig danach, denn nur das Leid
anderer verleiht uns die Gewissheit, dass unsere Macht
über sie ungebrochen ist. Im Gegensatz dazu will wahre
Autorität nur das Beste für die Mitmenschen; ihr Wirken
ist geprägt von Mitgefühl und Gerechtigkeit.
SUN TZU, CHINESISCHER STRATEGIE-EXPERTE (UM 500 v. CHR.)

Der Reichtum dient dem weisen Mann,
den Dummkopf aber regiert er.
UNBEKANNT

Der Mächtige ist satt, doch einsam.
FRIEDRICH DÜRRENMATT,
SCHWEIZER DRAMATIKER (1921–1990)

*Ruhm verdampft, Beliebtheit schwindet,
Reichtum macht sich davon. Nur eines bleibt: Charakter.*
MARIE VON EBNER-ESCHENBACH,
ÖSTERREICHISCHE ERZÄHLERIN (1830–1916)

*Gebrauche deine Macht wie ein paar Zügel,
nicht wie eine Peitsche.*
MONGOLISCHES SPRICHWORT

*Die Halbwüchsigen von heute, so heißt es,
wissen alles über Sex, das Geld hingegen
kommt ihrer Meinung nach vom lieben Gott.
So ändern sich die Tabus.*
ERNST HEIMERAN, DEUTSCHER VERLEGER (1902–1955)

*Die größte Macht eines Menschen über andere zeigt sich in
der Macht des Wartenlassens, Bangenlassens, Hoffenlassens.*
KURT GUGGENHEIM, SCHWEIZER SCHRIFTSTELLER (1896–1983)

*Das Geld ist leider die Sache,
für die man im Leben am meisten zahlen muss.*
JULIETTE GRÉCO, FRANZÖSISCHE SCHAUSPIELERIN (GEB. 1927)

Abschied & Trennung

Die Menschen sind nicht nur zusammen,
wenn sie beisammen sind, auch der Entfernte,
der Abgeschiedene, lebt in uns.
JOHANN WOLFGANG VON GOETHE,
DEUTSCHER DICHTER (1749–1832)

Trennung lässt matte Leidenschaften verkümmern
und starke wachsen, wie der Wind die Kerze verlöscht
und das Feuer entzündet.
FRANÇOIS DE LA ROCHEFOUCAULD,
FRANZÖSISCHER MORALIST (1613–1680)

Abschied ist die innigste Form
menschlichen Zusammenseins.
HANS KUDSZUS, DEUTSCHER SCHRIFTSTELLER (1901–1977)

Das Schicksal wird uns zwar trennen,
nicht aber entzweien können.
JEAN-JACQUES ROUSSEAU,
FRANZÖSISCHER PHILOSOPH (1712–1778)

Im Abschied ist die Geburt der Erinnerung.
SALVADOR DALÍ, SPANISCHER MALER (1904–1989)

*Nur in den Minuten des Wiedersehens und der Trennung
wissen die Menschen, welche Fülle der Liebe ihr Busen
verbarg, und nur darin wagen sie es, der Liebe eine
zitternde Zunge und ein überfließendes Auge zu geben.*
JEAN PAUL, DEUTSCHER DICHTER (1763–1825)

*Zukunft stellt sich ein,
wo immer Abschied genommen wird.*
ELAZAR BENYOËTZ,
ÖSTERREICHISCHER SCHRIFTSTELLER (GEB. 1937)

*Dauerndes Beisammensein ist nicht
so vergnüglich wie Trennung und Wiedersehen.*
MICHEL EYQUEM SEIGNEUR DE MONTAIGNE,
FRANZÖSISCHER PHILOSOPH UND SCHRIFTSTELLER (1533–1592)

*Wenn Tränen des Abschieds nach Freundschaft schmecken
und vertraute Augen leise zu dir sprechen: wir sind
füreinander da, beginnt das Neue mit einem Lächeln.*
UNBEKANNT

Es sind die Abschiede, die verbinden.
JOSEF VITAL KOPP, SCHWEIZER THEOLOGE (1906–1966)

*Man muss es immer dahin bringen,
dass man zurückgewünscht wird.*
BALTASAR GRACIÁN Y MORALES,
SPANISCHER SCHRIFTSTELLER (1601–1658)

*Wohin du auch gehst,
geh mit deinem ganzen Herzen.*
KONFUZIUS, CHINESISCHER PHILOSOPH (551–479 v. CHR.)

*Das einzig Wichtige im Leben sind die Spuren von Liebe,
die wir hinterlassen, wenn wir Abschied nehmen.*
ALBERT SCHWEITZER, DEUTSCHER
ARZT UND THEOLOGE (1875–1965)

Trennung macht sehend.
ALMA MARIA MAHLER-WERFEL,
ÖSTERREICHISCHE SCHRIFTSTELLERIN (1879–1964)

*So lasst uns noch einmal vereint /
Die vollen Gläser schwingen / Der Abschied werde nicht
geweint / Den Abschied sollt ihr singen.*
AUGUST VON PLATEN-HALLERMÜNDE,
DEUTSCHER DICHTER (1796–1835)

Abschied nehmen bedeutet immer ein wenig sterben
FRANZÖSISCHES SPRICHWORT

*Die Trennung heißt,
der Liebe Bund erneuern.*
JOHANN WOLFGANG VON GOETHE,
DEUTSCHER DICHTER (1749–1832)

*Beim Abschiednehmen kommt ein Augenblick,
in dem man die Trauer so stark vorausfühlt,
dass der geliebte Mensch schon nicht mehr bei einem ist.*
GUSTAVE FLAUBERT, FRANZÖSISCHER
ERZÄHLER UND SCHRIFTSTELLER (1821–1880)

*Je schöner und voller die Erinnerung,
desto schwerer ist die Trennung. Aber die Dankbarkeit
verwandelt die Erinnerung in eine stille Freude.*
DIETRICH BONHOEFFER, DEUTSCHER THEOLOGE
UND WIDERSTANDSKÄMPFER (1906–1945)

Sieg & Niederlage

*Der Beweis von Heldentum liegt nicht im Gewinnen einer
Schlacht, sondern im Ertragen einer Niederlage.*
DAVID LLOYD GEORGE, BRITISCHER POLITIKER (1863–1945)

Große Siege werden nicht ohne Risiko errungen.
XERXES I., PERSISCHER GROSSKÖNIG (UM 519–465 v. CHR.)

Jeder übermütige Sieger arbeitet an seinem Untergang.
JEAN DE LA FONTAINE, FRANZÖSISCHER SCHRIFTSTELLER (1621–1695)

Nicht Sieg sollte der Sinn der Diskussion sein, sondern Gewinn.
JOSEPH JOUBERT, FRANZÖSISCHER SCHRIFTSTELLER (1754–1824)

*Die Niederlage kann sich als der einzige Weg zur Neuerung
erweisen – trotz ihrer Hässlichkeiten. Um einen Baum zu
schaffen, verurteilt man ein Samenkorn zum Verderben.*
ANTOINE DE SAINT-EXUPÉRY,
FRANZÖSISCHER SCHRIFTSTELLER (1900–1944)

*Wer flieht, kann später wohl noch siegen.
Ein toter Mann bleibt ewig liegen.*
SAMUEL BUTLER, ENGLISCHER DICHTER (1612–1680)

*Wer durch Betrug Gelingen erlangt,
dessen Erfolg ist nicht von Dauer und seine Siege
verwandeln sich in Niederlagen.*
LÜ BU WE, CHINESISCHER PHILOSOPH (UM 300–235 v. CHR.)

*Fehlschläge und Niederlagen sind
die Meilensteine auf dem Weg zum Erfolg.*
CHINESISCHES SPRICHWORT

Siege, aber triumphiere nicht.
MARIE VON EBNER-ESCHENBACH,
ÖSTERREICHISCHE ERZÄHLERIN (1830–1916)

*Eine Niederlage hat auch etwas Klärendes.
Man sieht, wer wirklich zu einem steht oder wer nur wegen
persönlicher Vorteile immer in der Nähe ist.*
WALTER MOMPER, DEUTSCHER POLITIKER (GEB. 1945)

*Die schönste Blume des Sieges
ist das Verzeihen.*
ARABISCHES SPRICHWORT

*Ein ehrlicher Misserfolg ist keine Schande;
Furcht vor Misserfolgen dagegen ist eine Schande.*
HENRY FORD, AMERIKANISCHER UNTERNEHMER (1863–1947)

Leidenschaft ist immer siegreich.
THEODOR FONTANE, DEUTSCHER SCHRIFTSTELLER (1819–1898)

Vermeide Siege über Überlegene.
BALTHASAR GRACIÁN Y MORALES,
SPANISCHER SCHRIFTSTELLER (1601–1658)

*Die Hoffnungslosigkeit ist schon
die vorweggenommene Niederlage.*
KARL JASPERS, DEUTSCHER PHILOSOPH (1883–1969)

*Gewalt bringt vergängliche Siege;
Gewalt hat mehr soziale Probleme zur Folge, als sie löst,
und schafft niemals einen dauerhaften Frieden.*
MARTIN LUTHER KING JR., AMERIKANISCHER
THEOLOGE UND BÜRGERRECHTLER (1929–1968)

*Man muss verstehen,
die Früchte seiner Niederlagen zu ernten.*
OTTO STOESSL, ÖSTERREICHISCHER SCHRIFTSTELLER (1875–1936)

*Wer sich mit einem halben Sieg begnügt,
handelt allzeit klug; denn immer verliert, wer einen Sieg
bis zur Vernichtung des Gegners anstrebt.*
NICCOLÒ MACHIAVELLI, ITALIENISCHER STAATSTHEORETIKER UND
SCHRIFTSTELLER (1469–1527)

*Wir schließen die Augen beim Beginn des Übels,
weil es uns gering erscheint. Aber in dieser Schwäche
liegt der Keim unserer Niederlage.*
HENRI FRÉDÉRIC AMIEL, SCHWEIZER
SCHRIFTSTELLER UND PHILOSOPH (1821–1881)

Wer spricht von Siegen? Überstehn ist alles.
RAINER MARIA RILKE, ÖSTERREICHISCHER DICHTER (1875–1926)

*Im Leben gibt es Schlimmeres,
als keinen Erfolg zu haben:
Das ist, nichts unternommen zu haben.*
FRANKLIN D. ROOSEVELT,
AMERIKANISCHER POLITIKER (1882–1945)

*Das Beste an einem großen Siege ist,
dass er dem Sieger die Furcht vor einer Niederlage nimmt.*
FRIEDRICH WILHELM NIETZSCHE,
DEUTSCHER PHILOSOPH (1844–1900)

Eine stolz getragene Niederlage ist auch ein Sieg.
MARIE VON EBNER-ESCHENBACH,
ÖSTERREICHISCHE ERZÄHLERIN (1830–1916)

Wehe dem, der allein ist, wenn er fällt.
SALOMON, BIBLISCHER KÖNIG (UM 965–926 v. CHR.)

Wissen & Weisheit

*Weisheit ist wie ein Baum, der seine Äste
durch das ganze Firmament verbreitet, die goldenen Früchte,
die ihr Gezweig zieren, sind Sterne.*
BETTINA VON ARNIM, DEUTSCHE SCHRIFTSTELLERIN (1785–1859)

Etwas wirklich zu wissen heißt, seine Gründe zu kennen.
FRANCIS BACON, BRITISCHER PHILOSOPH UND STAATSMANN (1561–1626)

*Meide das Studium, das zu einem Werk führt,
welches dazu bestimmt ist, zur selben Zeit zu sterben
wie sein Schöpfer.*
LEONARDO DA VINCI, ITALIENISCHER
UNIVERSALGELEHRTER (1452–1519)

*Das Einmaleins und das Alphabet sind
das beste Saatgut gegen Hunger und Not.*
PAULO EVARISTO ARNS, BRASILIANISCHER KARDINAL (GEB. 1921)

*Klug ist nicht, wer keine Fehler macht. Klug ist der,
der es versteht, sie zu korrigieren.*
WLADIMIR ILJITSCH LENIN,
RUSSISCHER REVOLUTIONÄR UND POLITIKER (1870–1924)

*Derjenige, der andere kennt, ist weise; derjenige,
der sich selbst kennt, ist erleuchtet.*
LAO-TSE, CHINESISCHER PHILOSOPH (UM 300 v. CHR.)

Wir ertrinken in Informationen und hungern nach Wissen.
JOHN NAISBITT, AMERIKANISCHER ZUKUNFTSFORSCHER (GEB. 1929)

*Lernen ohne zu denken ist eitel;
denken ohne zu lernen ist gefährlich.*
KONFUZIUS, CHINESISCHER PHILOSOPH (551–479 v. CHR.)

*Der Glaube ist nicht der Aufgang,
sondern das Ende allen Wissens.*
JOHANN WOLFGANG VON GOETHE,
DEUTSCHER DICHTER (1749–1832)

*Der Weise sagt niemals, was er tut –
aber er tut niemals etwas, was er nicht sagen könnte.*
JEAN-PAUL SARTRE, FRANZÖSISCHER
PHILOSOPH UND SCHRIFTSTELLER (1905–1980)

*Nicht in der Erkenntnis liegt das Glück,
sondern im Erwerben der Erkenntnis.*
EDGAR ALLAN POE,
AMERIKANISCHER SCHRIFTSTELLER (1809–1849)

Das Staunen ist eine Sehnsucht nach Wissen.
MATTHIAS CLAUDIUS, DEUTSCHER DICHTER (1740–1815)

Ein Tropfen Liebe ist mehr
als ein Ozean an Wissen und Verstand.
BLAISE PASCAL, FRANZÖSISCHER PHILOSOPH
UND MATHEMATIKER (1623–1662)

Man kann einen Menschen nichts lehren,
man kann ihm nur helfen, es in sich selbst zu entdecken.
GALILEO GALILEI, ITALIENISCHER FORSCHER
UND ASTRONOM (1564–1642)

Nützliches Wissen macht
weiser als viel Wissen.
AISCHYLOS, GRIECHISCHER DICHTER (UM 525–455 v. CHR.)

Die Krone der Weisheit ist Güte.
EURIPIDES, GRIECHISCHER DICHTER (480–407 v. CHR.)

Die Klugen haben wahrhaftig lange nicht
so viel Beweglichkeit in die Welt gebracht und so viele
Glückliche darin gemacht wie die Einfältigen.
WILHELM RAABE, DEUTSCHER
SCHRIFTSTELLER (1831–1910)

Denken und Wissen sollten immer gleichen Schritt halten.
Das Wissen bleibt sonst tot und unfruchtbar.
WILHELM VON HUMBOLDT, DEUTSCHER
GELEHRTER UND STAATSMANN (1767–1835)

Ob ein Mensch klug ist,
erkennt man an seinen Antworten.
Ob ein Mensch weise ist, erkennt man an seinen Fragen.
NAGKIB NAHFUZ, ÄGYPTISCHER SCHRIFTSTELLER (GEB. 1911)

Nur wenige wissen, wie viel man wissen muss,
um zu wissen, wie wenig man weiß.
WERNER HEISENBERG, DEUTSCHER PHYSIKER (1901–1976)

Ein Hund ist nicht deshalb gut,
weil er tüchtig bellen kann; ein Mensch ist nicht deshalb
weise, weil er tüchtig reden kann.
DSCHUANG DSI, CHINESICHER PHILOSOPH (UM 365–290 v. CHR.)

Nicht mit dem Alter, sondern durch Nachdenken
kommt die Weisheit.
TITUS MACCIUS PLAUTUS,
RÖMISCHER DICHTER (250–184 v. CHR.)

*Eine Investition in Wissen bringt
immer noch die besten Zinsen.*
BENJAMIN FRANKLIN, AMERIKANISCHER
SCHRIFTSTELLER UND POLITIKER (1706–1790)

*Ein Lexikon handhaben zu wissen ist besser,
als zu glauben, ein solches zu sein.*
ALFRED NOBEL, SCHWEDISCHER CHEMIKER
UND ERFINDER (1833–1896)

*Gesunder Menschenverstand in ungewöhnlichem
Maße ist das, was die Welt Weisheit nennt.*
SAMUEL TAYLOR COLERIDGE, ENGLISCHER LYRIKER (1772–1834)

*Fantasie ist wichtiger als Wissen,
denn Wissen ist begrenzt.*
ALBERT EINSTEIN, DEUTSCHER PHYSIKER (1879–1955)

*Neun Zehntel der Weisheit bestehen darin,
zum richtigen Zeitpunkt weise zu sein.*
THEODORE ROOSEVELT,
AMERIKANISCHER POLITIKER (1858–1919)

*Wer für andere nur weiß,
der trägt wie ein Blinder die Fackel, leuchtet voran
und geht selber in ewiger Nacht.*
JOHANN GOTTFRIED VON HERDER,
DEUTSCHER SCHRIFTSTELLER UND PHILOSOPH (1744–1803)

*Wenn man etwas nicht weiß, so kann man fragen;
wenn man etwas nicht kann, so kann man es lernen.*
LÜ BU WE, CHINESISCHER PHILOSOPH (UM 300–235 v. CHR.)

*Das sind die Weisen, die durch Irrtum zur Wahrheit reisen.
Die bei dem Irrtum verharren, das sind die Narren.*
FRIEDRICH RÜCKERT, DEUTSCHER DICHTER (1788–1866)

*Wer Wissen hat,
lasse andere ihr Licht daran entzünden.*
MARGARET FULLER,
AMERIKANISCHE SCHRIFTSTELLERIN (1810–1850)

Tod & Trauer

*Ich glaube, dass, wenn der Tod unsere Augen schließt,
wir in einem Lichte steh'n, von welchem
unser Sonnenlicht nur der Schatten ist.*
ARTHUR SCHOPENHAUER,
DEUTSCHER PHILOSOPH (1788–1860)

*Bedenkt, den eigenen Tod, den stirbt man nur,
doch mit dem Tod der anderen muss man leben.*
MASCHA KALÉKO,
DEUTSCHE DICHTERIN (1907–1975)

*Nur durch die Liebe und den Tod
berührt der Mensch das Unendliche.*
ALEXANDRE DUMAS,
FRANZÖSISCHER SCHRIFTSTELLER (1802–1870)

*Jeder kommende Frühling, der die Sprösslinge der Pflanzen
aus dem Schoße der Erde treibt, gibt mir Erläuterung über
das bange Rätsel des Todes und widerlegt meine
ängstliche Besorgnis eines ewigen Schlafs.*
FRIEDRICH SCHILLER,
DEUTSCHER DICHTER (1759–1805)

*Wenn uns das Leben gefällt,
darf uns der Tod nicht abstoßen, denn er kommt
aus der Hand des gleichen Meisters.*
MICHELANGELO, ITALIENISCHER MALER,
DICHTER UND ARCHITEKT (1475–1564)

Der Tod zeigt den Menschen, was er ist.
CHRISTIAN FRIEDRICH HEBBEL,
DEUTSCHER DICHTER (1813–1863)

*Wenn du nach deinem Tod nicht vergessen sein willst,
dann schreibe Dinge, die es wert sind, gelesen zu werden,
oder tue Dinge, die es wert sind, beschrieben zu werden.*
BENJAMIN FRANKLIN, AMERIKANISCHER SCHRIFTSTELLER,
NATURWISSENSCHAFTLER UND POLITIKER (1706–1790)

*Das Leben ist kurz, aber doch von unendlichem Wert,
denn es birgt den Keim der Ewigkeit in sich.*
FRANZ VON SALES, FRANZÖSISCHER GEISTLICHER (1567–1622)

*Ich bin von euch gegangen, nur für einen
kurzen Augenblick und gar nicht weit. Wenn ihr
dahin kommt, wohin ich gegangen bin, werdet ihr
euch fragen, warum ihr geweint habt.*
LAO-TSE, CHINESISCHER PHILOSOPH (UM 300 v. CHR.)

*Erinnerungen sind kleine Sterne,
die tröstend in das Dunkel unserer Trauer leuchten.*
UNBEKANNT

*Für den Dahingeschiedenen
bedeutet der Tod Frieden, die Gewissheit ewiger
Glückseligkeit, unwandelbare Geborgenheit.*
CHARLES DE FOUCAULD, FRANZÖSISCHER
OFFIZIER UND EINSIEDLER (1858–1916)

*Du kannst nicht verhindern, dass die Trauervögel
über deinen Kopf fliegen, wohl aber,
dass sie in deinem Haar nisten.*
CHINESISCHES SPRICHWORT

Betrachte den Tod als Heimkehr.
KONFUZIUS, CHINESISCHER PHILOSOPH (551–479 v. CHR.)

*Weinet nicht, wenn das Trefflichste verblüht,
bald wird es sich verjüngen! Trauert nicht, wenn
eines Herzens Melodie verstummt, bald findet
eine Hand sich, wieder es zu stimmen.*
JOHANN CHRISTIAN FRIEDRICH HÖLDERLIN,
DEUTSCHER SCHRIFTSTELLER (1770–1843)

*Der Tod ist die uns zugewandte Seite jenes Ganzen,
dessen andere Seite Auferstehung heißt.*
ROMANO GUARDINI, ITALIENISCHER THEOLOGE
UND RELIGIONSPHILOSOPH (1885–1968)

*Das Leben ist eine Flamme,
die sich selbst verzehrt; aber sie fängt jedes Mal
wieder Feuer, sobald ein Kind geboren wird.*
GEORGE BERNARD SHAW, IRISCHER SCHRIFTSTELLER (1856–1950)

Der Tod ist nur das Umziehen in ein schöneres Haus!
ELISABETH KÜBLER-ROSS,
SCHWEIZER STERBEFORSCHERIN (1926–2004)

*Lasst uns nicht trauern, dass wir ihn verloren haben,
sondern dankbar sein, dass wir ihn so lange gehabt haben.*
SOPHRONIUS EUSEBIUS HIERONYMUS,
DALMATISCHER PRIESTER (347–419)

*Drei Dinge überleben den Tod.
Es sind Mut, Erinnerung und Liebe.*
ANNE LINDBERGH-MORROW,
AMERIKANISCHE SCHRIFTSTELLERIN (1906–2001)

Der Tod ist gar nichts;
nur der Gedanke an ihn ist traurig.
VOLTAIRE, FRANZÖSISCHER SCHRIFTSTELLER
UND PHILOSOPH (1694–1778)

Eines Morgens wachst du nicht mehr auf.
Die Vögel aber singen, wie sie gestern sangen. Nichts ändert
diesen neuen Tagesablauf. Nur du bist fort gegangen.
Du bist nun frei und unsere Tränen wünschen dir Glück.
JOHANN WOLFGANG VON GOETHE,
DEUTSCHER DICHTER (1749–1832)

Die Toten sind nicht tot, sie sind nur nicht mehr sichtbar.
Sie schauen mit Augen voller Licht in
unsere Augen voller Trauer.
AURELIUS AUGUSTINUS, RÖMISCHER PHILOSOPH,
KIRCHENVATER UND HEILIGER (354–430)

Nur in der Mitte des Todes
entzündet sich der Blitz des ewigen Lebens.
FRIEDRICH SCHLEGEL, DEUTSCHER DICHTER (1772–1829)

*Unsere Toten leben fort in den süßen Flüssen der Erde,
sie kehren zurück in den leisen Schritten des Frühlings,
und es ist ihre Seele, die im Wind kommt und
die Oberfläche der Seen kräuselt.*
SEATTLE, AMERIKANISCHER HÄUPTLING DER SUQUAMISH-
UND DUWAMISH-INDIANER (1786–1866)

*Niemand ist fort, den man liebt.
Liebe ist ewige Gegenwart.*
STEFAN ZWEIG, ÖSTERREICHISCHER
SCHRIFTSTELLER (1881–1942)

*Ich bin nicht tot, / ich tausche nur die Räume /
ich leb' in euch und geh' / durch eure Träume.*
MICHELANGELO, ITALIENISCHER BILDHAUER,
DICHTER UND ARCHITEKT (1475–1564)

*Entreiß dich, Seele, nun der Zeit. /
Entreiß dich deiner Sorgen. / Und mach dich zum Flug bereit. /
In den ersehnten Morgen.*
HERMANN HESSE,
DEUTSCHER SCHRIFTSTELLER (1877–1962)

*Man lebt zweimal: das erste Mal in der Wirklichkeit,
das zweite Mal in der Erinnerung.*
HONORÉ DE BALZAC,
FRANZÖSISCHER SCHRIFTSTELLER (1799–1850)

Vergangenheit, Gegenwart, Zukunft

*Die Zukunft sollte man nicht vorhersehen wollen,
sondern möglich machen.*
ANTOINE DE SAINT-EXUPÉRY,
FRANZÖSISCHER SCHRIFTSTELLER (1900–1944)

*Mit dem Messer der Gegenwart versucht man immer
vergeblich, die Vergangenheit abzuschneiden.
Die Vergangenheit ist unverwundbar. Man kann dabei
nur die Gegenwart oder die Zukunft zum Bluten bringen.*
GREGOR BRAND, DEUTSCHER LYRIKER (GEB. 1957)

*Wer rückwärts sieht, gibt sich verloren,
wer lebt und leben will, muss vorwärts sehen.*
RICARDA HUCH, DEUTSCHE ERZÄHLERIN (1864–1947)

*Der beste Weg, die Zukunft
voherzusagen, ist, sie zu erfinden.*
ALAN CURTIS KAY, AMERIKANISCHER COMPUTERPIONIER (GEB. 1940)

*Man muss das Gestern kennen, man muss auch
an das Gestern denken, wenn man das Morgen wirklich
gut und dauerhaft gestalten will.*
KONRAD ADENAUER, DEUTSCHER POLITIKER (1876–1967)

Jetzt sind die guten alten Zeiten,
nach denen wir uns in zehn Jahren zurücksehnen.
SIR PETER USTINOV, BRITISCHER SCHAUSPIELER,
REGISSEUR UND SCHRIFTSTELLER (1921–2004)

Keine Zukunft vermag gutzumachen,
was du in der Gegenwart versäumst.
ALBERT SCHWEITZER, DEUTSCHER
ARZT UND THEOLOGE (1875–1965)

Die wahre Großzügigkeit der Zukunft
gegenüber besteht darin, in der Gegenwart alles zu geben.
ALBERT CAMUS, FRANZÖSISCHER SCHRIFTSTELLER (1913–1960)

Für augenblicklichen Gewinn
verkaufe ich die Zukunft nicht.
WERNER VON SIEMENS, DEUTSCHER ERFINDER
UND INDUSTRIELLER (1816–1892)

Die Vergangenheit ist ein Sprungbrett, kein Sofa.
HAROLD MACMILLAN, BRITISCHER VERLEGER
UND POLITIKER (1894–1986)

Wer Zukunft will, muss Abschied üben.
GERTRUD HÖHLER, DEUTSCHE
MANAGEMENTBERATERIN UND AUTORIN (GEB. 1941)

*Denke beratend an die Vergangenheit,
genießend an die Gegenwart und
wandelnd an die Zukunft.*
JOSEPH JOUBERT, FRANZÖSISCHER
SCHRIFTSTELLER (1754–1824)

*Die Zukunft gehört denen, die an die Wahrhaftigkeit ihrer
Träume glauben.*
ELEANOR ROOSEVELT, AMERIKANISCHE
POLITIKERIN UND JOURNALISTIN (1884 – 1962)

*Wenn man zu weit in die Zukunft schaut,
läuft man Gefahr, den Mut zu verlieren. Leben wir
also bewusst jeden Tag und halten wir uns
immer zum Sterben bereit,*
JOHANNES XXIII., PAPST (1881–1963)

*Zukunft ist etwas, das die Menschen erst lieben,
wenn es Vergangenheit geworden ist.*
WILLIAM SOMERSET MAUGHAM,
ENGLISCHER SCHRIFTSTELLER (1874–1965)

*Wir alle sollten uns um die Zukunft sorgen,
denn wir werden den Rest unseres Lebens dort verbringen.*
CHARLES F. KETTERING,
AMERIKANISCHER INDUSTRIELLER (1876–1958)

*Ein Weiser wurde gefragt,
welches die wichtigste Stunde sei, die der Mensch erlebt,
welches der bedeutendste Mensch, der ihm begegnet, und
welches das notwendigste Werk sei. Die Antwort lautete: Die
wichtigste Stunde ist immer die Gegenwart, der bedeutendste
Mensch ist immer der, der dir gerade gegenübersteht,
und das notwendigste Werk ist immer die Liebe.*
ECKHART VON HOCHHEIM, DEUTSCHER THEOLOGE (UM 1260–1327)

*Über den ängstlichen Gedanken,
was uns etwa morgen zustoßen könnte, verlieren wir
das Heute, die Gegenwart und damit die Wirklichkeit.*
HERMANN HESSE, DEUTSCHER SCHRIFTSTELLER (1877–1962)

*Bildung ist der Pass für die Zukunft,
denn das Morgen gehört denen,
die sich heute darauf vorbereiten.*
MALCOLM X, AMERIKANISCHER PREDIGER
UND BÜRGERRECHTLER (1925–1965)

Die Reiche der Zukunft sind Reiche des Geistes.
SIR WINSTON CHURCHILL,
BRITISCHER POLITIKER (1874–1965)

*Die Zukunft ist die Ausrede all jener,
die in der Gegenwart nichts tun wollen.*
HAROLD PINTER, ENGLISCHER DRAMATIKER (GEB. 1930)

*Nur was für die Gegenwart zu gut ist,
ist gut genug für die Zukunft.*
MARIE VON EBNER-ESCHENBACH,
ÖSTERREICHISCHE ERZÄHLERIN (1830–1916)

*Man kann nicht in die Zukunft schauen,
aber man kann den Grund für etwas Zukünftiges legen,
denn Zukunft kann man bauen.*
ANTOINE DE SAINT-EXUPÉRY,
FRANZÖSISCHER SCHRIFTSTELLER (1900–1944)

*Nicht in die ferne Zeit verliere dich!
Den Augenblick ergreife, er ist dein.*
FRIEDRICH SCHILLER, DEUTSCHER DICHTER (1759–1805)

*Wer in der Zukunft lesen will,
muss in der Vergangenheit blättern.*
ANDRÉ MALRAUX, FRANZÖSISCHER
SCHRIFTSTELLER (1901–1976)

*Nichts ist wahrem Glück so sehr im Wege
wie die Gewohnheit, etwas von der Zukunft zu erwarten.*
LEO NIKOLAJEWITSCH TOLSTOI,
RUSSISCHER SCHRIFTSTELLER (1828–1910)

*Auch die beunruhigendste Gegenwart
wird bald Vergangenheit sein.
Das ist immerhin tröstlich.*

THORNTON WILDER,
AMERIKANISCHER SCHRIFTSTELLER (1897–1975)

*Die Zukunft hat viele Namen.
Für die Schwachen ist sie die Unerreichbare,
für die Furchtsamen ist sie die Unbekannte und
für die Tapferen ist die die Chance.*

VICTOR HUGO, FRANZÖSISCHER SCHRIFTSTELLER (1802–1885)

*Die Gegenwart ist im Verhältnis zur Vergangenheit Zukunft,
ebenso wie die Gegenwart der Zukunft
gegenüber Vergangenheit ist.
Darum, wer die Gegenwart kennt,
kann auch die Vergangenheit erkennen.
Wer die Vergangenheit erkennt,
vermag auch die Zukunft zu erkennen.*

LÜ BU WE, CHINESISCHER PHILOSOPH (UM 300–235 v. CHR.)

*Große Vergangenheit verpflichtet,
sie verpflichtet zum Streben nach gleich großer Zukunft.*

KONRAD ADENAUER, DEUTSCHER POLITIKER (1876–1967)